103GLUECK727

REISEPASS

PASSPORT

PAS

PASAPORTE

PASSEPORT

ΔΙΑΒΑΤΗΡΙΟ

PAS

PASSAPORTO

PASPOORT

PASSAPORTE

INS GLÜCK

Pattloch

103GLUECK727

Alles ist gut. Der Mensch
ist unglücklich, weil er nicht
weiß, dass er glücklich ist.
Nur deshalb. Das ist alles, alles!
Wer das erkennt, der wird
gleich glücklich sein,
sofort im selben Augenblick.

Fjodor M. Dostojewski

Wenn man das Glück doch einfach buchen könnte! Wenn man nur den Katalog aufschlagen und auswählen bräuchte.
Doch für das Glück gibt es keinen Reiseanbieter, wir müssen uns schon selber darum kümmern. Dafür hat es aber einen anderen großen Vorteil: Ich muss keinen

Koffer packen, ja ich muss nicht einmal einen Fuß über die Schwelle setzen, wenn ich nicht möchte. Denn das Glück ist immer eine Reise im Geiste, alle guten Gedanken entstehen im Kopf.
Oft müssen wir einfach nur den Schalter umlegen und unsere Situation aus einem anderen Winkel betrachten.

Dieser unkonventionelle Reisepass möchte einstimmen auf eine der spannendsten Reisen, die wir unternehmen können – die Reise zu unseren Träumen und Wünschen. Am Anfang steht die Entscheidung, sich selbst immer wieder Glücksmomente einzuräumen, sich kleine Oasen im Alltag zu schaffen, sich über das tägliche Einerlei zu erheben und einfach auch zuhause einmal das schöne Gefühl zu genießen, das wir uns oft nur im Urlaub gönnen:

Neues entdecken, faulenzen, die Küche fremder Länder kennen lernen, sich Zeit für Freunde und Familie nehmen, lesen, die Natur genießen, Sport und vieles mehr.

Nimm dir jeden Tag Zeit, still zu sitzen und auf die Dinge zu lauschen. Achte auf die Melodie des Lebens, die in dir schwingt.

Buddha

Warte nicht darauf,
dass andere Leute
für dich glücklich sind.
Du musst dir
dein Glück selber machen.

Alice Walker

Wäre das nicht wunderbar? Sich im Geiste mal so richtig durchpusten lassen, die Gedanken auf Durchzug stellen, frischen Wind hereinlassen. Und dann, wenn der Kopf endlich leer gefegt ist, neue, positive Gedanken zulassen. Es klingt so einfach, aber der Alltag stellt oft eine unüberwindliche Barriere dar. Doch mit ein paar Tricks können wir ihn überlisten. Schon ein kleiner Standortwechsel kann Wunder wirken: Warum nicht einen ruhigen Ort zum Nachdenken aufsuchen, eine Kirche, einen Aussichtspunkt, einen Spazierweg, einen Park oder ein Café, in dem man ungestört sitzen kann?

Was man alles noch tun müsste! Im rasanten Tempo eilt man durch den Tag, schnell noch dies und das erledigt, ganz zu schweigen von den Dingen, die man wieder nicht geschafft hat. Doch mal ehrlich: wenn man sowieso nicht alles schafft, kann man aus der Not auch eine Tugend machen und dies zum Grundprinzip einer neuen Glücksstrategie erheben: Ich muss nicht immer perfekt sein und es allen recht machen. Morgen ist auch noch ein Tag, ich gönne mir täglich eine kleine Auszeit – und sei es nur für eine halbe Stunde.

Der Lohn für die Anpassung ist, dass einen alle mögen außer man selbst

Rita Mae Brown

Die wichtigste Stunde ist immer die Gegenwart.

Meister Eckhart

Die Weisheit des Lebens besteht im Ausschalten der unwesentlichen Dinge • Aus China •

Wirklich genießen können wir unsere kleinen Oasen im Alltag nur, wenn wir uns nicht ablenken lassen. Wenn wir mit den Gedanken nicht schon wieder bei den vielen anderen Dingen sind, die als Nächstes auf uns warten. Konzentrieren wir uns auf das, was uns im Moment gut tut, auf das Schöne, das uns gerade umgibt.

Denke immer daran, dass es
nur eine allerwichtigste Zeit gibt,
nämlich: Sofort!

Leo Tolstoi

Glück ist: sich Inseln der Ruhe und Stille in der Hektik des Alltags zu schaffen.

Erst das Schweigen
tut uns das Ohr auf
für den inneren Ton
in allen Dingen, in Tier und
Baum und Berg
und Sonne.

Romano Guardini

Wer sich abhetzt,
wird nie Vollkommenheit erlangen.
Dazu gehören Ruhe und Stille.

Aus Ägypten

Nur die Ruhe ist die Quelle
jeder großen Kraft.

Fjodor M. Dostojewski

Nehmen Sie sich einmal etwas Zeit und schreiben Sie auf, welches die besonders schönen Momente während der vergangenen Reisen waren. Vermutlich waren dies nicht nur die großen spektakulären Ereignisse, wie sie einmalige Sehenswürdigkeiten zu bieten haben. Sicher sind auch viele kleine Augenblicke dabei, an die Sie sich gerne zurückerinnern.
Und dann überlegen Sie, ob man diese nicht auch in den normalen Alltag einbauen könnte? Dies könnte zum Beispiel sein:

Frisches Obst zum Frühstück

Eine neue Sportart ausprobieren

- Ausgiebige Waldspaziergänge
- Neue Kneipen und Cafés entdecken
- Fremdländische Zutaten und Gerichte ausprobieren
- Ein Picknick im Park
- Bequeme Kleidung tragen
- Sich Zeit für den Partner nehmen

103GLUECK727

- In einem See baden
- Den Sonnenauf- oder -untergang beobachten
- Anregende Gespräche
- Über einen Markt bummeln, ein Schnäppchen machen
- Unbekannte Wege erkunden
- Fahrrad fahren

Nichts tun und einfach
nur in die Luft gucken

Sich die Sonne auf
den Bauch scheinen lassen

Interessante Menschen
kennen lernen

Sich viel Zeit
beim Essen nehmen

Museen und Ausstellungen
besuchen

103GLUECK727

Gönnen Sie sich immer wieder Tage ganz ohne Plan, an denen Sie morgens nicht schon genau wissen, wie der Tag ablaufen wird. Lassen Sie ihn auf sich zukommen, machen Sie immer nur das, wozu Sie gerade Lust haben – und wenn Sie gerade nichts tun möchten, ist das auch in Ordnung.
Fühlt es sich nicht großartig an, wenn man einfach mal seinen ganz unmittelbaren Bedürfnissen folgen darf? Wenn man wie in Kindertagen ganz und gar im Augenblick versinkt? Fast scheint es, als würde die Zeit für einen kurzen Moment stillstehen.

Als Gott die Zeit erschuf, machte er viel davon. • Aus Irland •

Wir sollten wieder lernen,
aus der Freizeit
Muße zu machen.

Otto Flake

Glück ist: sich auch in schwierigen Situationen nicht aus der Bahn werfen zu lassen.

Sich zu entspannen ist besser, als beschäftigt zu sein.

Balthasar Gracián

Sich zu sorgen löst nie
die Probleme des nächsten Tages,
es entzieht nur dem heutigen
die Freude.

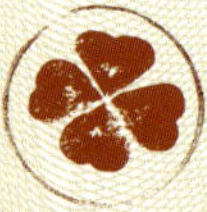

Leo Buscaglia

Das Rezept für Gelassenheit
ist einfach: Man darf sich
nicht über Dinge aufregen,
die nicht zu ändern sind.

Helen Vita

Es ist dumm,
sich über die Welt zu ärgern.
Es kümmert sie nicht.

Mark Aurel

Wenn du zehn Probleme auf dich
zukommen siehst, kannst du
sicher davon ausgehen, dass neun
in den Graben fallen,
bevor sie dich erreichen.

Calvin Coolidge

103GLUECK727

Betrachte die Dinge
von einer anderen Seite, als du
sie bisher sahst; denn das heißt,
ein neues Leben zu beginnen.

Mark Aurel

Manchmal haben wir das unbestimmte Gefühl, als wäre unser Leben in eine Schieflage geraten. Als würden wir falsche Prioritäten setzen. Etwas beansprucht uns über die Maßen, während etwas anderes zu kurz kommt. Erst wenn wir ehrlich zu uns sind und herausgefunden haben, was die Balance stört, können wir unser Gleichgewicht wiederfinden.

> Wir müssen auf der Erde Gleichgewicht halten, einen Fuß im Spirituellen und einen Fuß im Physischen haben.
>
> *Lynn Andrews*

Glück ist: immer wieder zu versuchen, seine Gedanken in eine positive Richtung zu lenken.

Wenn alles seinen richtigen Platz
in unserem Geist hat, können wir
mit dem Rest der Welt
im Einklang sein.

Henri-Frédéric Amiel

Der Gedanke ist alles. Der Gedanke ist der Anfang von allem. Und Gedanken lassen sich lenken. Daher ist das Wichtigste: Die Arbeit an den Gedanken.

Leo Tolstoi

Reiß deine Gedanken von deinen Problemen fort. Das ist das Beste, was der Mensch für seine Gesundheit tun kann.

Mark Twain

Umgeben Sie sich mit schönen Dingen. Es muss nichts Wertvolles sein – viel wichtiger ist, dass es von persönlicher Bedeutung ist. Etwas, das Sie geschenkt bekommen haben und Sie an einen netten Menschen erinnert. Oder Mitbringsel von Ausflügen wie Steine und Muscheln. Platzieren Sie sie zusammen mit Ihren Lieblingsfarben, Lieblingsblumen, Lieblingsmaterialien. Nicht zu viel auf einmal und immer wieder wechseln.

> REICH IST MAN, WENN MAN ETWAS HAT, DAS MEHR WERT IST ALS MATERIELLE DINGE.
>
> INGEBORG BACHMANN

Die Schönheit
ist Lebensnahrung
der Seele.

Bettina von Arnim

Fasse das Leben
immer
als Kunstwerk.

Christian Morgenstern

Riesige Vorfreude! Worauf? Auf den nächsten Schlechtwettertag. Mal wieder so richtig Wind und Wetter spüren. Feste Stiefel und einen Regenumhang anziehen und ab nach draußen. Ein strammer Spaziergang durch den Regen. Schon nach kurzer Zeit spüre ich, wie die Haut gut durchblutet wird, wie die Lungen sich bis in die Spitzen mit Sauerstoff füllen. Wie ich mich mit aller Kraft gegen den Wind stemmen muss. Unglaublich erfrischend! Ich spüre meine Lebensgeister – vom Scheitel bis zur Sohle. Und zum krönenden Abschluss gibt es – wieder zu Hause und eingemummelt in eine Decke auf dem Sofa – eine Tasse heiß dampfenden Tee.

Die Seele
hat die Farben
deiner
Gedanken.

Mark Aurel

Glück ist: seine Freude in der Freude des anderen zu finden.

Der beste Weg, sich selbst
eine Freude zu machen, ist:
zu versuchen, einem anderen
eine Freude zu bereiten.

Mark Twain

Im Grunde genommen sind es doch die Verbindungen zu Menschen, welche dem Leben seinen Wert geben.

Wilhelm von Humboldt

Meine Vorstellung vom Himmel ist eine große Ofenkartoffel und jemand, mit dem ich sie teilen kann.

Oprah Winfrey

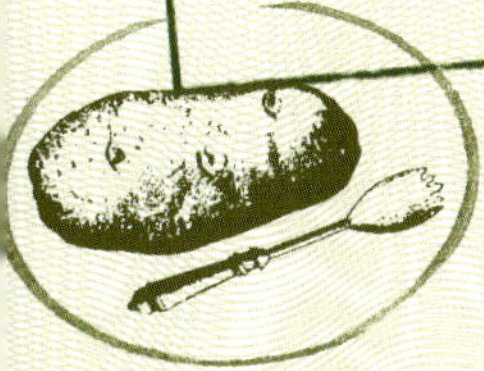

103GLUECK727

Wenn deine Grundsätze
dich traurig machen,
verlasse dich darauf:
Sie sind falsch.

Robert Louis Stevenson

Denn man ist glücklich,
wenn man mit sich selbst, seinem
Herzen und seinem Gewissen
zufrieden ist.

August Strindberg

Intuitiv wissen wir meistens, was für uns am besten ist. Aber nicht immer erlauben wir uns, auf unser Gefühl zu achten, der inneren Stimme Gehör zu schenken. Unsere Vernunft kann uns noch so mit guten Argumenten überschütten, sie wird uns nicht wirklich überzeugen, wenn unser Herz nicht mitspielt. Nur für die Dinge, hinter denen wir voll und ganz stehen, können wir uns auch aus vollem Herzen einsetzen.

Wohin du auch gehst, geh **mit deinem ganzen Herzen.**

Konfuzius

Stopp! So ein kleines, kurzes Wort, das sollte man doch locker über die Lippen bringen, oder? Fünf Buchstaben, die einmal ausgesprochen ihre Wirkung selten verfehlen. Den Zug der Zeit anhalten und sich fragen, ob er wirklich in die gewünschte Richtung fährt. Müssen vielleicht die Weichen umgestellt werden? Ähnlich befreiend wirkt im Übrigen auch das Wort „Nein“.

> Gönne dir einen Augenblick der Ruhe und du begreifst, wie närrisch du herumgehastet bist.
>
> *Laotse*

Der erste Beweis für eine Beruhigung der Seele ist, meine ich, stehen bleiben zu können und mit sich zu verweilen.

Seneca

Lass dir Zeit. Es eilig haben bedeutet, sein Talent zu zerstören. Will man die Sonne erreichen, reicht es nicht aus, impulsiv in die Höhe zu springen.

Peter Ustinov

Glück ist: die hohe Kunst, trotz allem die gute Laune nicht zu verlieren.

Nimm dir Zeit zu lachen, das ist die Musik der Seele. Nimm dir Zeit, freundlich zu sein, das ist der Weg zum Glück.

Aus Irland

Wesentliche Dinge im Leben sind nicht zuletzt der Humor und die Fähigkeit, über sich selbst zu lachen.

Sir Yehudi Menuhin

... ist vor dem Urlaub. Nicht anders ist es mit dem Glück. Wir können es nicht festhalten, aber wir können dafür sorgen, dass es immer wieder unser Begleiter ist. Indem wir Abwechslung in unser Leben bringen. Indem wir immer wieder versuchen, der täglichen Routine zu entrinnen und uns damit ein großes Stück vom Glück gönnen.

Ein neues Leben
kannst du nicht anfangen,
aber täglich
einen neuen Tag.

Henry David Thoreau

103GLUECK727

IMPRESSUM

Bibliografische Information: Deutsche Nationalbibliothek
Die Deutsche Nationalbibliothek verzeichnet diese Publikation in der Deutschen Nationalbibliografie; detaillierte bibliografische Daten sind im Internet über http://dnb.d-nb.de abrufbar.

Gesamtgestaltung: Atelier Sibylle Schug, München
Text: Bettina Burghof
Lektorat: Bettina Gratzki, Pattloch Verlag

10 09 08

ISBN 978-3-629-10372-7

www.pattloch.de

103GLUECK727

Dieser Pass enthält 48 nummerierte Seiten
This passport contains 48 numbered pages
Dette pas består af 48 nummererede sider
Este passaporte contient 48 páginas numeradas
Ce passeport contient 48 pages numérotées
Το διαβατήριο αυτό περιέχει 48 αριθμημένες σελίδες
Tá 48 leathanach uimhrithe sa phas seo
Il presente passaporto contiene 48 pagine numerate
Dit paspoort bevat 48 genummerde biadzijden
Este passaporte contém 48 páginas numeradas